JOURNAL

DU

SIEGE DE QUEBEC

EN 1759

PAR

M. JEAN CLAUDE PANET.

MONTREAL
EUSÈBE SENÉCAL, IMPRIMEUR-ÉDITEUR
6, 8 et 10, Rue St. Vincent.

1866

HISTOIRE DU CANADA.

SIÉGE DE QUÉBEC EN 1759.

[Journal Précis de ce qui s'est passé de plus intéressant en Canada, depuis la nouvelle de la flotte de M. Canon, tenu par M. Jean Claude Panet, ancien notaire de Québec.] (1)

10 mai 1759—A sept heures du soir, il se répandit à Québec un bruit que M. de Bougainville était arrivé : cela était vrai. Il débarqua effectivement chez M. de Bienne, garde-magasin, envoya chercher M. l'Intendant chez M. Péan, eut une conférence avec lui et ne débita aucune nouvelle, sinon qu'on apprendrait de grands événements.

M. de Bougainville était embarqué dans la frégate *La Chézine*, capitaine Duclos, détachée de la flotte de M. Canon, à deux cents lieues de France.

14 mai—La dite frégate mouilla en rade.

15—Arriva le sieur Dinel, second de M. Canon, commandant la frégate *Le Machaux*, que je conduisis chez le munitionnaire. A son arrivée, il nous annonça l'heureuse arrivée de la flotte de M. Canon, dont partie à l'île aux Coudres, partie au Pot à l'Eau-de-vie, à l'exception de trois bâtiments dont ils étaient inquiets et qu'ils avaient vu donner dans le Golfe, qui étaient : le *Duc de Fronsac*, le *Rameau* et la *Nouvelle Rochelle*. Vous ne pouvez douter de la joie que cette nouvelle nous donna.

20—Cette flotte arriva à bon port, à l'exception des trois ci-dessus. Ces navires au nombre de trois frégates et quinze marchands (navires marchands) ne nous ont apporté qu'environ neuf à dix mille quarts de farine, autant de lard, mais beaucoup de boissons et marchandises

(1) L'auteur de ce journal était le père de l'honorable J. A. Panet, qui fut Président de la Chambre d'Assemblée du Bas-Canada. Nous empruntons ce document important au *Courrier du Canada*. La reproduction est strictement littérale et il n'a point été fait de corrections au texte.

sèches pour le munitionnaire; les pacotilles particulières les plus fortes ont été celles de M. Monnier et Lez, et Martin, en vins et eau-de-vie.

28—Arriva le *Duc de Fronsac* richement chargé et dont on désespérait.

29—Arriva Dufy Charest, commandant la frégate le *Soleil Royal*, de Bayonne, chargé en farine, pois, bled-d'Inde et eau-de-vie.

1er juin—Arriva l'*Atalante*, frégate armée à Rochefort avec la flûte la *Marie* et la frégate la *Pomone*, de Brest, avec la *Pie;* le tout chargé de munitions de guerre.

Par toutes les gazettes et les dépositions des prisonniers faits du côté des pays d'en Haut, nous fûmes certains que nous serions attaqués et que le siége de Québec était décidé.

6—Je parlai au capitaine de la flûte la *Marie*, qui confirma notre idée, ayant rapporté qu'en passant au nord de St. Barnabé (île St. Barnabé), il avait vu sept gros vaisseaux mouillés, qui étaient vers le Sud, quoique le vent fût bon. On se flatta en vain que c'était la flotte venant des Iles, nous ne sçûmes que trop vite que c'était la première division des Anglais qui était devant pour intercepter les secours de Québec.

7—Nous eûmes avis par M. Aubert qu'il y avait sept vaisseaux anglais mouillés à St. Barnabé.

8—M. de Léry, détaché pour aller à Kamouraska, nous annonça que les sauvages avaient assuré qu'il y avait plus de soixante voiles.

A la fin de mai, M. de Montcalm arriva à Québec; son arrivée nous annonça la certitude d'un siége. M. le général (c'est sans doute le général de Lévis) ne tarda point à le suivre. Depuis la fin de mai jusqu'à la fin de Juin on a fait des travaux considérables à Québec. On a garni toutes les batteries; on en a établi une au Palais; on a fait des retranchements considérables à Beauport, depuis le Saut Montmorency jusqu'au passage de la Petite Rivière, sur laquelle on a établi un pont de bateaux, et où sont campés cinq bataillons de troupes réglées, avec la Colonie et la Milice.

Tous les navires, à l'exception des frégates et flûtes du Roy, furent désarmés et destinés à faire des brûlots. La flotte de M. Canon montera et sera conduite à bon port à Ste. Anne de Batiscan, ainsi que le *St. Augustin de Bilboa*, et l'*Atalante*, par M. Vogorties; la flûte *La Pie*, par M. Sauran, et le *Duc de Fronsac*, auprès du Richelieu.

On construit deux bateaux, armés de quatre canons de 24, appelés "tracassiers," sept bateaux montés d'un canon de 24, et une batterie flottante de l'invention de M. Gayot, montée de douze pièces de canon dont quatre de 24, quatre de 18, et quatre de 12. Tous ces ouvrages, ainsi que les brûlots et grande quantité de cajeux, seront prêts avant que l'ennemi se soit trouvé devant la ville.

Nous apprîmes que les Anglais avaient fait leur descente à l'Isle aux Coudres, et s'y étaient établis.

9—Il s'est fait un détachement d'environ 60 sauvages Abénakis, et de 60 Canadiens, commandés par M. de Niverville; le sieur Desrivières, qui arrivait de France, fut avec lui en qualité de volontaire.

Les sauvages s'amusèrent à l'Isle d'Orléans à manger des bœufs et des moutons qu'on y avait laissés: l'Ile d'Orléans ayant été abandonnée avec une précipitation qui ne fait pas honneur à celui qui était chargé de ce faire. Il en fut de même de la côte du Sud depuis la Rivière-du-Loup jusqu'à la Pointe Lévy.

Le sieur Desrivières, qui ne voulait point revenir sans rien faire, se détacha avec sept Canadiens de l'Isle aux Coudres qui s'étaient réfugiés à St. Joachim et s'en fut dans l'Isle où il se mit en embuscade.

10—Ils ont pris trois jeunes gens, dont un petit fils du commandant de la flotte des sept gros vaisseaux, un garde-marine et un autre officier passant à cheval par leur ambuscade pour aller placer le pavillon anglais sur une éminence, qui eurent leurs chevaux tués sous eux et furent faits prisonniers.

12—Ces trois jeunes gens furent amenés à Québec, dont, le petit fils du commandant ayant été tiré à part, se trouva parler bon français.

Ils furent interrogés et par leurs dépositions ils nous annoncèrent le siége de Québec; qu'ils devaient avoir vingt-cinq vaisseaux de ligne, douze frégates et deux cents bâtiments de transport; qu'ils devaient avoir vingt mille hommes de descente: qu'on regardait comme sûre la prise de Québec, pensant que toutes nos réglées (troupes réglées) étaient à Carillon où elles seraient battues par trois mille hommes qui devaient se joindre à la flotte; et ils comptaient cette opération déjà faite.

Ces jeunes gens furent traités honorablement pendant sept à huit jours à Québec, et ensuite on les envoya avec distinction aux Trois-Rivières. Ils louèrent l'adresse des Canadiens d'avoir tué leurs chevaux sans leur avoir fait de mal.

14—Nous apprîmes qu'ils (les Anglais) avaient voulu descendre deux berges à la Baie St. Paul, qui avaient été repoussées par les habitants.

Depuis le 14 jusqu'au 20 juin, il fut fait différents préparatifs pour recevoir les ennemis dont nous avions appris que plus de soixante voiles avaient fait la traverse.

21—Trois frégates parurent à la vue de Québec et mouillèrent à la vue de l'anse du Fort et au Trou (Trou de St. Patrice, Ile d'Orléans).

24—Gros nord-est; il s'est perdu un gros bâtiment sur la batture proche l'Anse du Fort; mais ils ont sauvé la cargaison. Sept autres petits bâtiments de transport échouèrent dans le Trou, dont la majeure partie perdue. Il est à observer que les officiers anglais ont mouillé leurs gros vaisseaux où nous avions coutume de mouiller des vaisseaux marchands; étant tous mouillés au sud de la Pointe de Lévy vis-à-vis de l'église jusqu'à la batture de Beaumont.

" Placard de par Son Excellence James Wolfe, Major-Général d'Infanterie, Commandant en chef des Troupes de Sa Majesté Britannique sur la Rivière St. Laurent.

"Le Roy mon maître, justement irrité contre la France, a résolu d'en rabattre la fierté, et de venger les insultes faites aux Colonies Anglaises; s'est aussi déterminé à envoyer un armement formidable de mer et de terre que les habitants voient avancer jusques dans le centre de leur pays. Il a pour but de priver la Couronne de France des établissements les plus considérables dont elle jouit dans le Nord de l'Amérique.

"C'est à cet effet qu'il lui a plu de m'envoyer dans ce pays à la tête de l'armée redoutable actuellement sous mes ordres. Les laboureurs, colons et paysans, les femmes, les enfants, ni les ministres sacrés de la religion ne sont point l'objet du ressentiment du Roi de la Grande-Bretagne; ce n'est pas contre eux qu'il élève son bras; il prévoit leurs calamités, plaint leur sort et leur tend une main secourable.

"Il est permis aux habitants de venir dans leurs familles, dans leurs habitations. Je leur promets ma protection et je les assure qu'ils pourront, sans craindre les moindres molestations, y jouir de leurs biens, suivre le culte de leurs religions; en un mot, jouir au milieu de la guerre de toutes les douceurs de la paix: pourvu qu'ils s'engagent à ne prendre directement ni indirectement aucune part à une dispute qui ne regarde que les deux couronnes. Si, au contraire, un entêtement déplacé et une valeur imprudente et inutile leur fait prendre les armes, qu'ils s'attendent à souffrir tout ce que la guerre offre de plus cruel. Il leur est aisé de se représenter à quel excès se porte la fureur d'un soldat effréné; nos ordres seuls peuvent en arrêter le cours, et c'est aux Canadiens, par leur conduite, à se procurer cet avantage. Ils ne peuvent ignorer leur situation présente: une flotte formidable bouche le passage au secours dont ils pourraient se flatter du côté de l'Europe et une armée nombreuse les presse du coté du Continent. Le parti qu'ils ont à prendre ne paraît pas douteux; que peuvent-ils attendre d'une vaine et aveugle opposition? Qu'ils en soient eux-mêmes les juges. Les cruautés inouies que les Français ont exercées contre les sujets de la Grande-Bretagne établis dans l'Amérique, pourraient servir d'excuses aux répresailles les plus sévères; mais l'Anglais réprouve une barbare méthode. Leur religion ne prêche que l'humanité, et son cœur en suit avec plaisir le précepte.

"Si la folle espérance de nous repousser avec succès porte les Canadiens à refuser la neutralité que je leur propose et leur donne la présomption de paraître les armes à la main, ils n'auront sujet de s'en prendre qu'à eux-mêmes lorsqu'ils gémiront sous le poids de la misère à laquelle ils se seront exposés par leur propre choix. Il sera trop tard de regretter les efforts inutiles de leur valeur martiale lorsque pendant l'hiver ils verront périr de famine, etc., tout ce qu'ils ont de plus cher. Quant à moi, je n'aurai rien à me reprocher. Les droits de la guerre sont connus, et l'entêtement d'un ennemi fournit les moyens dont on se sert pour le mettre à la raison.

"Il est permis aux habitants du Canada de choisir; ils voient d'un côté l'Angleterre qui leur tend une main puissante et secourable, son exactitude à remplir ses engagements, et comme elle s'offre à maintenir les habitants dans leurs droits et leurs possessions. De l'autre côté, la France, incapable de supporter ce peuple, abandonner leur cause dans le moment le plus critique, et si pendant la guerre elle leur a envoyé des troupes, à quoi leur ont-elles servi? A leur faire sentir avec plus d'amertume le poids d'une main qui les opprime au lieu de les secourir. Que les Canadiens consultent leur prudence; leur sort dépend de leur choix.

"Donné à notre Quartier Général, à la Paroisse St. Laurent, Isle d'Orléans, le 27e juin 1759.

"Depuis le 27 jusqu'au 29, il se fit différents préparatifs pour envoyer sept brûlots, dont trois gros vaisseaux marchands, et les autres goëlettes et bateaux. Le commandant des brûlots, le sieur Oclouches, commandait le navire marchand *l'Américain*. Le même jour, il fut décidé par un Conseil que le sieur Oclouches irait brûler ou faire chasser les trois frégates qui étaient d'avant garde, et que les autres, après qu'elles auraient levé l'ancre, iraient mettre le feu à la flotte de soixante voiles qui était mouillée sur trois lignes au dessus du Trou.

"Le projet était beau, mais bien mal exécuté. Le sieur Oclouches mit le feu après avoir dépassé la Pointe Levy, au sud d'icelle, et les trois frégates étaient mouillées au nord; elles appareillèrent pourtant et furent prendre son brûlôt qu'elles échouèrent sur Beaumont.

"Des six autres il n'y en eûrent que quatre qui mirent le feu entre les deux pointes, dont le sieur Dubois le meilleur, —qui mit le feu au premier et qui sauta,—les deux autres le mirent à la vue de Québec, de sorte que les Anglais qui furent, dans le commencement, consternés, criaient hourrah! et se moquaient de nos opérations.

"30—Les ennemis parurent à la vue de Québec et mouillèrent deux frégates et un bateau dans le bassin (le port) hors de portée du canon. Il est bon d'observer que, depuis l'arrivée de la flotte anglaise, chacun fut à son département, et la compagnie de réserve ne fut point oubliée.

"1er Juillet. Les Anglais députèrent un officier dans un canot de la frégate, qui fut arrêté au millieu du bassin par deux canots qui furent au devant de lui. Ils leur remirent une lettre par laquelle ils donnaient avis qu'ils avaient pris plusieurs dames acadiennes à Miramichi, dont madame Pomeray, madame St. Villemin étaient du nombre, ainsi que madame Beaumont, sa fille et sa bru, qu'ils avaient renvoyés et qu'ils étaient prêts de renvoyer les autres, et s'informèrent des trois prisonniers de l'île aux Coudres.

"Le même jour, le Chevalier Le Mercier fut chargé de la réponse qu'il porta à bord de la première frégate qui avait été envoyée au devant de lui. Elle contenait, que M. le général ne doutait point de la politesse de l'Amiral pour les dames; qu'il le remerciait; qu'il avait traité les prisonniers avec distinction, et qu'aussitôt que l'Amiral aurait la bonté de l'informer de son départ, qu'il les lui renverrait.

"Il est à observer que les Anglais s'étaient emparés de l'Isle d'Orléans où ils paraissaient avoir fait leur descente générale et s'y campèrent. Le même jour nous apprîmes que M. de Léry, qui avait été détaché pour faire évacuer les habitants de la côte du sud, avait été surpris avec ses habitants par des Anglais qui étaient descendus à Beaumont; malgré leur surprise, ils se jetèrent sur leurs armes, tuèrent deux Anglais et se sauvèrent. Nous n'avons perdu que deux hommes qu'on ignore s'ils sont tués ou prisonniers. M. de Léry a perdu son épée et plusieurs papiers qu'il avait étalés sur une table.

"Depuis le 20 juin jusqu'au 1er juillet, il nous est descendu environ 300 Outaouais, et 400 Iroquois et Abénaquis.

"Sur la nouvelle de la descente des Anglais à Beaumont, M. Charest, zélé patriote, demanda à M. le Général du monde pour aller au devant des Anglais, et empêcher leur établissement à la Pointe-Lévy. On lui fit réponse qu'il pouvait y aller s'il le jugeait à propos. Il y fut avec environ vingt habitants de la Pointe-Lévy; il fut fort surpris en arrivant à son manoir, d'y voir des Anglais sur le grand chemin, qu'il prit d'abord pour les habitants. Il ne se déconcerta point; quoiqu'il vît environ quatre cents hommes, il se rallia avec environ quarante hommes, firent feu sur eux et en tuèrent dix sans perdre un seul homme. Il se replia dans les bois, envoya demander des balles et de la poudre; on lui en envoya en bref; il fit une petite fusillade et fut obligé de se replier le même jour. Les Anglais qui paraissaient avec toutes leurs forces à l'île d'Orléans n'avaient pas encore mis à la Pointe-Lévy trois mille hommes. M. Charest ne demandait que mille à douze cents hommes pour empêcher leur établissement. Ses demandes réitérées furent nulles.

3—Il y fut avec environ trente habitants de la Pointe Lévy et le sieur Legris, volontaire, et trente sauvages abénaquis. Ils firent coup; en tuèrent environ trente. Les sauvages rapportèrent huit chevelures et amenèrent un prisonnier. Les sauvages, par prudence, perdirent quatre hommes en s'en revenant dans le chemin du Roy où il y avait plus de———hommes en bataille.

Le même jour, il était décidé dans le Conseil, qu'il partirait la nuit quinze cents hommes pour la Pointe Lévy, mais ce malheureux prisonnier dérangea par sa déposition ce projet dont nous craignions les suites fâcheuses.

Le prisonnier déposa qu'ils avaient environ mille hommes de troupes réglées et que la même nuit ils devaient faire leur descente à Beauport.

Tout le camp ainsi que la ville retourna, en conséquence, au bivouac toute la nuit; rien ne se trouva si faux.

4—On s'aperçut d'un grand mouvement dans la flotte, pendant la nuit, et qu'il se fit un grand transport de la Pointe Lévy à l'Isle d'Orléans.

Le sieur Charest proposa en conséquence d'aller à la découverte; il y fut effectivement la nuit du 4 au 5, avec le sieur Legris et douze habitants; il en revint le 5, et rapporta que le camp de la Pointe-Lévy, établi entre le moulin et l'église, était presque évacué; qu'il n'y avait que quelques postes avancés et qu'il pouvait y avoir au plus 800 hommes. Il demanda du monde inutilement, ou la liberté d'en prendre de bonne volonté, on ne voulut point lui en accorder. Pour preuve de sa mission, il prit et apporta avec le sieur Legris, quatre havre-sacs du camp ennemi.

5—On s'aperçut à la ville que les ennemis faisaient des établissements considérables, malgré le peu de monde qu'ils avaient, et qui n'était point interrompu. On vint rapporter que les sauvages outaouais y furent mais sans succès, au nombre de 100, ayant trouvé des forces considérables, et ayant tué seulement quelques Anglais.

6 et 7—Ces ouvrages continuèrent, et on vit clairement qu'ils établissaient une batterie à la Citière, vis-à-vis le château, de douze pièces de canon et de 7 mortiers de 10 à 13 pouces, et un retranchement au-dessus, avec fossés et palissades pour contenir 200 hommes. Le 7, la nuit, le sieur Charest fut de nouveau à la découverte. Le 8 il rapporta qu'il avait vu le commencement de ces ouvrages de près; qu'il pouvait y avoir environ 300 travailleurs et 500 hommes armés pour les soutenir.

Un Anglais, ci-devant pris à Chouagen, et qui avait servi un officier anglais chez Chalou, profita d'une pirogue étant au bord de l'eau, et étant en sentinelle, dit à son camarade qu'il allait quérir du poisson dans les pêches, et comme on s'aperçut qu'il voulait déserter, deux canots furent au devant de lui et le reçurent. Il déposa qu'il n'y avait qu'environ 800 hommes à la Pointe Lévy; qu'on venait d'y charroyer du canon et que deux régiments "Royal Américain" qui avaient été mis à terre à la Pointe Lévy, n'avaient voulu ni travailler ni se battre, disant qu'ils n'avaient point été payés depuis treize mois, qu'on leur avait dit qu'on ne les transportait en Canada que pour leur donner des établissements, qu'il devait se faire une descente de 1500 hommes à St. Joachim, qui devaient venir par les bois, qui se joindraient au gros de l'armée qui devait demeurer à Beauport; que les Anglais qui n'étaient que 10,000, attendaient de la Martinique 6,000 de renfort.

On vit activement les berges se ranger à la vue de l'Ange-Gardien, avec deux batteries qu'ils avaient fait mouiller dans le chenal au Nord. Ils avaient quatre gros bâtiments pour favoriser leur attaque, qui tirèrent sans aucun succès pendant quatre heures.

On fit plusieurs décharges de coups de canon et de bombes sur les travaux de la Pointe Lévy, mais je crois, assez inutiles.

Le même jour, on s'aperçut que les Anglais tentaient une descente par le Sault de Montmorency, à marée basse. Les sauvages outaouais s'y portèrent de bonne volonté au nombre de 200, avec quelques Canadiens. Il se présenta un détachement de 100 hommes anglais qui furent presque détruits; ils (les Anglais) se replièrent sur 300 hommes qui furent fusillés par les sauvages où ils (les Anglais) perdirent du monde. Ce second parti ayant replié, les sauvages les poursuivirent avec le casse-tête, mais s'étant trop engagés en faisant des chevelures, ils reçurent environ 4000 coups de fusils. Ils ne perdirent que trois hommes; cinq blessés; un de leurs interprètes nommé Hause Le Fleau, tué, et deux Canadiens. On fit sur le champ un détachement du camp de M. de Lévy pour garder le passage du Sault par le haut. Le même jour on fit passer de la ville un mortier du camp de M. de Lévy, qui joua à 8 heures du soir et qui obligea les vaisseaux anglais de se retirer avec les deux premiers.

Le même jour il nous vint trois déserteurs de St. Antoine qui, suivant leur ordinaire pour être bien reçus, nous firent des contes à rire. L'un dit que Louisbourg était repris par les Français, et que la flotte anglaise était dans l'inquiétude et allait se rassembler pour partir. L'autre que le Roi de Prusse avait perdu dans une bataille 20,000 hommes; que la Reine de Hongrie était maîtresse de la Silésie et les Français de l'Electorat d'Hanovre. Enfin, le dernier, que l'Amiral Saunders avait donné au général Wolfe jusqu'à la fin de ce mois pour faire les derniers efforts. Je crois que c'est sur cette déposition que nous pouvions le plus compter.

Le 10 s'est passé à tirer nos batteries sur le camp de la Pointe-Lévy; il n'a point paru que cela ait empêché leurs opérations, quoiqu'on ait continué le feu la nuit. Le même jour, il se fit une petite escarmouche au Sault, où il y a eu environ vingt Anglais de tués; nous n'avons perdu qu'un sauvage.

Le même jour, il est arrivé au camp un déserteur anglais, à 9 heures du soir, qui a passé de l'Isle d'Orléans à l'Ange-Gardien, et a passé dans le bois où il a trouvé le Curé qui l'a amené. Il ne rapporte rien.

Le 11, on a découvert les batteries des Anglais entièrement établies. Les chèvres y étaient posées pour placer les canons. Sur le midi, on les a vu charroyer leurs canons.

Il fut détaché du camp sous Beauport un parti de 500 Canadiens, 100 hommes de troupes de la colonie et 60 volontaires de divers régiments, commandés par M. Dumas, pour passer à la Pointe-Lévy et s'emparer de la batterie des Anglais ; ce parti n'a pas passé le même jour; on en informa le général.

12—Le parti se trouva augmenté d'environ 350 hommes de la ville, de bonne volonté, du nombre desquels étaient 17 hommes de la compagnie de réserve, commandés par M. Glemet. M. Duchesnay a fait excuse d'y aller.

Ce détachement se rendit à Sillery dans le jour. Il partit sur les neuf heures du soir pour traverser et ils traversèrent heureusement. A peine l'avant-garde marchait-elle, que quelques écoliers (écoliers du séminaire de Québec) et étourdis firent feu au haut d'une coulée sur leurs amis. On dit que, de cette fausse alerte, il en déserta environ

600. Ayant monté et gagné une seconde côte, quelques soldats de Roussillon (du régiment "Royal Roussillon") firent une nouvelle alerte en criant à ceux qui étaient à la queue, que la cavalerie anglaise marchait: ce qui occasionna encore un repliement. Enfin, de ce beau parti, il ne se trouva que M. Dumas, avec la compagnie de réserve et environ 300 hommes, qui approchèrent d'une portée et demie de fusil du retranchement des Anglais.

Cette même nuit, les Anglais commencèrent, à neuf heures du soir, à canonner Québec et à bombarder la ville; de demi-heure en demi-heure, ils tiraient cinq coups de canon et autant de bombes. Une galiotte devant la Pointe Lévy en jeta quelques-unes. Elle se tenait ainsi que plusieurs autres vaisseaux sur une même ligne.

13—Les Anglais continuèrent le bombardement.

14, le détachement commandé par M. Dumas rencontrant le domestique de M. Lefebvre, y a été tué par nos gens.

Le 15, le bombardement a continué à Québec; la Paroisse et les Jésuites ont été les plus endommagés; les maisons du sieur Amiot, à la basse-ville, criblées de coups de canon; l'église de la basse-ville, plusieurs boulets.

16. — Les Anglais jetèrent un pot à feu sur la maison de Chevalier; le feu y prit, se communiqua à celle de M. Moran, delà à celle de Chennevert, à celle de Girard derrière celle de Cardoneau, Dacier, de Madame de Boishébert. Toutes ces maisons ont été consumées par le feu. Celle de Cardoneau, le plafond resté du rez de chaussée a tenu bon. Les voutes n'ont point été endommagées; elles sont riches. Que Dieu les préserve d'accident !

17. — Collet, marchand, officier de la batterie de M. Parent, qui est devant sa maison, a été tué d'un boulet, ainsi que Gauvreau, tonnelier. Un nommé Pouliot, de Ste. Foye, écrasé d'une bombe qui l'a anéanti. Deux hommes blessés, qui sont Brassard et Dufour.

Les Anglais avaient fait une batterie de 50 pièces de canon au Sault.

Le même jour, dans la nuit, il a été tué par les sauvages Outaouais, à différentes actions, environ 60 hommes au Sault Montmorency. Ils ont fait trois prisonniers qui rapportent qu'à la Pointe-Lévy il n'y avait pas plus de 700 hommes; qu'ils étaient environ 7,000 à l'Ange-Gardien; qu'ils étaient inquiets de trente vaisseaux qu'on disait en rivière.

18. — A minuit, il y a eu une alerte. Un vaisseau à deux ponts, trois frégates et deux bateaux ont passé devant la ville à la faveur d'une nuit obscure. Une frégate s'est échouée sur la Pointe-Lévy. On

pense qu'elle ne pourra se relever. Ces vaisseaux ont été mouiller à l'Anse des Mères. Ils ont détaché une frégate pour reconnaître un brûlot, le seul qui nous restait. L'ayant reconnu, et n'y trouvant personne, ils ont détaché une berge qui y a mis le feu. Ils gardent nos cajeux qui devaient être prêts depuis quinze jours et qui ne sont point encore chargés.

La même nuit, le sieur Villegoint, officier, est arrivé à Québec, venant de Miramichi avec M. Boishébert et environ 300 hommes, tant Canadiens, Acadiens, que sauvages d'en-bas.

Le matin, M. Dumas a été détaché avec environ 600 hommes, pour observer leurs mouvements, et 100 hommes ont porté quelques canons de campagne. On a aussi envoyé un courrier pour avertir nos frégates et bâtiments, mouillés au Platon, et quatre vis-à-vis de Batiscan.

20. — Les Anglais ont détaché des berges portant environ 1,200 hommes de Grenadiers, Ecossais et Montagnards, qui ont été descendre vers le moulin et l'églisa de la Pointe-aux-Trembles, dans la nuit, sans être aperçus.

Le même jour le feu a continué de la part des ennemis à canonner et bombarder la ville.

21. — A trois heures et demie du matin, les douze cents hommes ont monté à la Pointe-aux-Trembles. Ils ont reçu une fusillade d'environ 40 sauvages, où ils ont perdu six à sept hommes et autant de blessés. Ils ont environné les maisons autour de l'église, et ont fait trois hommes prisonniers, dont le sieur La Casse,.... ...., qui avait quitté la compagnie de réserve, sous prétexte d'un mal de jambes, était du nombre. Il a été pris en chemin dans un bled (.... ......) avec le sieur Laîné et le sieur Frichet. Ils ont emmené environ treize femmes de la ville réfugiées au dit lieu, dont mesdames Duchesnay, De Charnay, sa mère, sa sœur, Mlle Couillard, la famille, Joly Mailhot, Magnan, étaient du nombre. Ils les ont traitées avec toute la politesse possible. Le général Wolfe était à la tête, et le sieur Stobbs était du nombre qui a fait bien des compliments.

Ce qu'il y a de plus triste, c'est que les Anglais ne leur avaient fait aucun tort, et que les sauvages ont pillé les maisons et presque tous les biens de ces familles réfugiées.

Le pauvre Michaud a reçu un coup de balle dans la joue.

Les Anglais ont laissé la majeure partie des autres femmes, et surtout celles enceintes.

22. — Environ les neuf heures, ils ont envoyé un parlementaire de l'Anse des Mères pour offrir de remettre à terre toutes les femmes, à condition qu'on laisserait passer un petit bateau chargé de leurs ma-

lades et blessés. Cette-offre a été acceptée. Nous avons été recevoir les femmes à l'Anse des Mères à trois heures de relevée, et qui ont été reconduites avec beaucoup de politesse. Chaque officier a donné son nom aux belles prisonnières qu'ils avaient faites. Les Anglais avaient promis de ne point canonner ni bombarder jusqu'à neuf heures du soir pour donner aux dames le temps de se retirer où elles jugeraient à propos, mais que, passé cette heure, ils feraient un feu d'aise. Ils tinrent leur parole ; à neuf heures, ils tirèrent, par quart d'heure, dix à douze bombes, dont partie remplies d'artifice. Ils mirent le feu à la Paroisse (l'église paroissiale) et chez M. Rotot. La Paroisse ainsi que les maisons depuis M. Duplessis jusque chez M. Imbert, et toutes les maisons de derrière, dont la mienne, (rue St. Joseph) qu'occupait Francheville, est du nombre, ont été consumées par les flammes.

Heureusement que presque personne n'a été tué, à l'exception d'un canonnier qui, ayant mis la gargousse dans un canon trop chaud, a été tué. Une bombe est tombée sur la maison de M. Ouillame qui a blessé la servante à la cuisse et blessé à mort un homme.

23. — A quatre heures du matin les Anglais ont essayé de faire passer deux frégates par devant la ville ; mais au feu de nos canons ils se sont retirés. Ils n'ont presque point canonné de la journée ni bombardé.

24. — Les Anglais ont recommencé à bombarder et canonner la ville.

25. — Sur les vols considérables qui se faisaient à Québec, tant par les matelots, soldats et miliciens, je dis à M. Daïne qu'il serait nécessaire que M. le gouverneur et l'Intendant fissent une Ordonnance pour les faire pendre sommairement.

Le plan qui avait été dressé de l'Ordonnance et qui était en ces termes fut approuvé et suivi. Je fus nommé greffier de la commission. Les Anglais continuèrent à bombarder et canonner.

" (1) Son Excellence, piquée du peu d'égards que les habitants du " Canada ont eu à son Placard du 27ème du mois dernier, a résolu de " ne plus écouter les sentiments d'humanité qui le portaient à soulager " des gens aveuglés dans leur propre misère. Les Canadiens se mon- " trent par leur conduite indignes des offres avantageuses qu'il leur " faisait. C'est pourquoi il a donné ordre au commandant de ses " troupes légères et à autres officiers de s'avancer dans le pays pour " y saisir et amener les habitants et leurs troupeaux et y détruire et " renverser ce qu'ils jugeront à propos. Au reste, comme il se trouve

(1) Proclamation du général Wolfe.

" fâché d'en venir aux barbares extrémités dont les Canadiens et les " Indiens leurs alliés lui montrent l'exemple, il se propose de différer " jusqu'au 1er août prochain à décider du sort des prisonniers qui peu- " vent être faits, avec lesquels il usera de représailles ; à moins que " pendant cet intervalle les Canadiens ne viennent à se soumettre aux " termes qu'il leur a proposés dans son Placard, et par leur soumis- " sion, toucher sa clémence et le porter à la douceur.

" A St. Henry, le 25 juillet 1759.

" JOSEPH DAILLING,
" Major des troupes légères."

Un parti de sauvages outaouais et de différentes nations passèrent le Sault Montmorency, se firent apercevoir de l'ennemi et se mirent ventre à terre. Les Anglais qui s'étaient aperçus de leur manœuvre défilèrent par deux colonnes, environ 1,500 hommes pour les cerner. Les sauvages attendirent avec patience trois heures ventre à terre, et, les ayant vus à portée, firent leur décharge et tuèrent environ 60 hommes. M. de Répentigny demanda 2,000 hommes à M. de Lévis, qui, les ayant demandés à M. le général de Montcalm, arrivèrent trop tard. La consternation était si grande parmi les Anglais qu'ils fuyaient en criant : " tout est perdu" ; mais on n'a pas profité de ce coup. Ils ont continué tout le jour à canonner et à bombarder, et la nuit aussi. Le dégât y augmentait de jour en jour. Le même jour ils ont fait jouer une nouvelle batterie de douze pièces de canon au dessus de la Cabane des Pères.

Nous avons appris le même jour que les Anglais avaient fait un détachement pour aller à St. Henry pour chercher des provisions, où ils ont pris 200 femmes et le curé. Ils ont renvoyé Mlle St. Paul.

28 juillet.— Plusieurs coups de canon du Sault, tant de notre part que de celle des ennemis. Ils ont pareillement continué le bombardement et la canonnade de la ville.

29.—Il a été pendu un homme pour cause de vol. Le bombardement et canonnement a continué.

.30—Coutinuation du bombardement.

31.—Deux soldats que j'ai fait arrêter ayant un quart d'eau de vie dans la cave de M. Soupiran qu'ils avaient roulé et mis dans la maison de Charland, quartier de St. Roch, ont été pendu à trois heures après midi.

Sur les neuf heures du matin, deux frégates d'environ 30 pièces de canon chaque appareillèrent et furent s'échouer au Sault Montmorency, sur la pointe de l'Fst, se mirent en travers pour canonner en revers notre retranchement. Un autre gros vaiseeau de 60 canons se mit derrière eux. Aussitôt ils démasquèrent une batterie de 30 pièces de canon. Ils firent un feu considérable de cette batterie et de ces trois vaisseaux. On estime qu'ils ont tiré plus de 2,500 coups de canon depuis 6 heures du matin jusqu'à 5 heures du soir. De ce feu continuel nous n'avons eu que quatre hommes de tués et environ quinze blessés. Pendant cette canonnade à laquelle nous répondions avec trois pièces de canon que nous avions, qui formaient une petite redoute, laquelle perça la première frégate de plus de trente boulets, à raz d'eau, étant échouée et lui voyant sa quille. Environ 300 berges (anglaises) partirent de l'Ile d'Orléans et de la Pointe Lévis, et se mirent sur trois lignes entre les deux bâtiments échoués.

On ne douta point au camp que l'action ne devint générale; pour cet effet M. de Montcalm se porta au Sault où était M. de Lévis. Sur les cinq heures, 2,000 Anglaiis mirent pied à terre, à basse mer, de leurs berges, marchèrent avec bonne contenance et précipitation à ls redoute et batterie que nous avions, et qui avait été abandonnée une demi-heure auparavant faute de boulets. Ils s'en emparèrent, mais voulant avancer aux retranchements ils furent reçus par un feu canadien réitéré d'environ 1,500 coups de fusils, lesquels Canadiens étaient soutenus par 1,500 hommes de troupes réglées. Le reste du camp de Beauport et les Canadiens du passage étaient de file et nous avions environ 12,000 hommes de rendus; mais ce qu'il y a de singulier, presque plus de balles au camp. Heureusement, que ces 2000 furent si bien reçus qu'ils se rembarquèrent dans leurs berges avec la même précipitation qu'ils en étaient sortis. 5000 Anglais qui marchaient d'un pas grave, et en bon ordre, et qui passaient le Sault à gué en ordre de bataille, n'avancèrent qu'à deux portées de fusil, et se retirèrent, quand ils virent ceux des berges se rembarquer. Quel bonheur qu'ils ne savaient pas qu'il n'y avait point de balles au camp! Quelle négligence qu'il n'y en eut point, et quel malheur s'il y en avait eu, que les Anglais n'eusseut point continué leur attaque. Ils s'enfournaient dans une bourse, commandée par une hauteur dont ils ne pouvaient plus sortir. Dans cette œuvre, les Anglais ont perdu 200 hommes, et autant de blessés. Nous en avons fait enterrer 83. Il a été apporté au camp 260 fusils; bien d'autres ont été emportés à la marée montante. Un capitaine écossais a été fait prisonnier; il était blessé de 4 balles dont 3 dans le corps, sans paraître l'être dangereusement. Nons avons perdu environ 10 hommes et une vingtaine de blessés.

Le même jour, nous attendîmes dans le quartier St. Roch un grand cri de femmes et d'enfants qui criaient Vive le Roi! Je montai sur la hauteur, et je vis la première frégate tout en feu ; peu de temps après, une fumée noire dans la seconde qui sauta, et qui prit ensuite en feu. Ce sont les Anglais qui y ont mis le fèu de crainte que nous en profiterions.

1er août.—Les Sauvages et les Canadiens, malgré les défenses qu'on leur faisait d'aller, crainte d'être exposés au canon de l'ennemi, à la 1ère frégate brûlée et que la mer avait éteint, y furent sauver du lard, de la farine, des pics, des pioches, des balles d'écarlatine et plusieurs autres effets. Par ce, on peut juger si ce bâtiment était riche.

Le capitaine écossais, prisonnier, a dit qu'il était à la tête de 50 grenadiers ; que ceux qui étaient avec lui étaient les troupes choisies, mais qu'ils l'avaient abandonné ; et qu'il y avait une grande terreur dans l'armée. Ils ont continué à canonner et bombarder la ville.

2.—Ils ont fait de même jusques à deux heures après-midi qu'ils ont cessé, et de là jusqu'à six heures du soir, ayant envoyé un parlementaire de la part de cet officier écossais qui demandait son domestique, ses hardes et linges et de l'argent. On lui a tout envoyé à l'exception de son domestique. A six heures, ils ont continué leur bombardement avec fureur, pour réparer le temps perdu.

3.—On a craint la nuit, par le mouvement de trois gros vaisseaux qui portaient le cap sur la ville, et par plusieurs qui filaient le long de la côte de Lévy, une autre descente soit à la ville, soit à l'Anse-des-Mères, mais il ne s'est passé rien de nouveau.

4.—Continuation du bombardement. Ils n'avaient porté leurs bombes qu'à la haute et qu'à la basse-ville ; ils en envoyèrent quelques unes de 80 par delà les murs, et dans le quartier St. Roch.

5.—Je partis pour Ste. Anne, voir mon épouse. On avait dépêché un courrier pour les trois vaisseaux mouillés, qui étaient la frégate commandée par M. Vauquelain, la *Pie* par M. Sauvage et le *Duc de Fronsac* appartenant à M. Grani.

6.—Ces trois bâtiments appareillèrent et montèrent le Richelieu, et les vaisseaux anglais ne firent aucun mouvement. Ces trois bâtiments ont mouillé vis-à-vis l'église des Grondines. Nous avons appris que nous avions fait sauter les Forts de Carillon et St. Frédéric à l'approche de 12,000 hommes ennemis. Nous n'en avions que 3000. On s'est replié à l'Isle aux Noix.

7.—Les Anglais tentèrent deux descentes à la Pointe aux Trembles, l'une à 4 heures du soir, vis-à-vis de l'église, composée d'environ de 200 hommes, qui ne mirent pas pied à terre et qui perdirent environ 60 hommes. M. de Bougainville, colonel et commandant des Grenadiers, s'aperçut que cette attaque n'était qu'une feinte, ayant vu passer au-dessus plus grande quantité de berges. En effet, il fit défiler son monde en suivant les berges, et voyant que les ennemis voulaient descendre au ruisseau, nommé de la Muletière, une demi-lieue au-dessous de la rivière Jacques-Cartier, où nous avons fait des retranchements, il y fit embusquer son monde avec défense de tirer qu'ils n'eussent reçu l'ordre. Il pouvait avoir 50 Grenadiers, 300 hommes de troupes réglées et 600 miliciens. Les ennemis à cette descente pouvaient avoir, par l'estimé de leurs berges, environ 1200 hommes qui vinrent avec confiance, se promener à vingt pas de notre embuscade, où ils furent reçus par un feu étourdi; à la seconde décharge, les berges anglaises regagnèrent le large. On compte qu'ils ont perdu, dans cette actiou 200 hommes, et autant de blessés. M. de Bougainville m'a assuré qu'il a vu 7 berges dans lesquelles il pouvait y avoir 50 hommes dans chaque, et qu'il n'en a remarqué daus chaque que 4 ou 5 en état de ramer. Le même jour nous apprit la prise de Niagara, et que la garnison était prisonnière. On craint que M. de Caprenay n'ait subi le même sort.

8.— Après cette action les berges qui s'étaient retirées au large, gagnèrent le matin la côte du Sud. 2 frégates se rangèrent à terre pour favoriser leur descente. 100 hommes que nous avions daus cette partie firent trois décharges pour s'opposer à leur descente, mais inutilement; ils tuèrent environ 10 hommes, mais ils furent obligés de se retirer étant cannonnés par les vaisseaux et berges. Les 1200 hommes de descente redescendirent à St. Antoine à la maison de Deruisseau.

Le même jour fut fatal pour moi et pour bien d'autres. Les Anglais qui n'avaient cessé de cannonner et bombarder depuis le 12 juillet firent, lorsque vint le soir, un nouvel effort: ils jetèrent des pots à feu sur la basse-ville, dont trois tombèrent, un sur ma maison, un sur une des maisons de la place du marché et un dans la rue Champlain. Le feu prit à la fois dans trois endroits. En vain, voulut-on couper le feu et l'éteindre chez moi, il ventait un petit Nord-Est, et bientôt la basse-ville ne fût plus qu'un brâsier; depuis ma maison, celle de M. Désery, celle de Maillou, rue du Sault au Matelot, toute la basse ville et tout le Cul-de-Sac jusqu'à la maison du Sr. Voyer qui en a été exempte, et enfin jusqu'à la mison du Sr. DeVoisy, tout a été consumé par les flammes.

Il y a eu 7 voutes qui ont crevées ou brulées, celle de M. Perrault, le jeune, celle de M. Tachet, de M. Turpin, de M. Benjamin de La Mordic, Jehaune, Maranda. Jugez de la consternation. Il y a eu 167 maisons de brulées.

9 août.—Les Anglais ont continué leur bombardement, et ont dirigé leurs bombes à la haute ville.

10.—Ils en ont fait de même ; et on a fait un détachement pour les Païs d'en haut de 500 hommes.

11.—Il se fit de notre Camp sous Beauport, un détachement de 300 Canadiens et de 300 Sauvages pour aller attaquer les travailleurs qui étaient au-dessus du Sault ; au lieu de compter sur ces travailleurs, ils trouvèrent 800 hommes armés qui les soutenaient. Notre parti donna vaillamment et tuèrent environ 150 hommes. Les ennemis se replièrent. On aurait pu engager une action générale si on avait soutenu notre parti et tombé sur les travailleurs.

Le même jour dans la nuit, il y eut une alerte : trois frégates essayèrent de passer avec une petite goëlette. Les trois frégates se retirèrent au feu de nos canons et de nos mortiers ; la petite goëlette passa ; elle s'échoua néanmoins, et 5 bateaux armés de 2 canons la poursuivirent, mais elle se releva et continua sa route.

12.—Malgré une pluie continuelle les Anglais ont continué de canonner et bombarder. Depuis le 10, ils ont porté leurs bombes qui étaient de 80, et leurs pots à feu, qu'ils ont sans doute mises dans un gros mortier, au-dessus de la porte St. Louis, dans la rue St. Valier, et jusqu'aux tentes du commissaire, le sieur Corpron, faisant fonction de munitionnaire, et du garde magasin campés devant l'Hôpital Général, *au-dessous de la terre d'Abraham.* Cette même nuit, il y a eu une alerte : un soldat ayant rapporté qu'on fusillait à l'Anse des Mères ; l'erreur était grossière. Cétait à la rivière des Etchemins.

13.—Les Anglais ont dirigé leurs bombes à deux bâtiments échoués à la rivière St. Charles qui servaient de batteries, à l'entrée de la rivière St. Charles, en faisant un feu continuel, ainsi que de leurs batteries du Sault Montmorency, malgré cela, on ne compte que 40 hommes de tués du canon, et de la bombe, tant au Sault qu'à la ville, et autant d'estropiés.

14.—Continuation du feu de la Pointe-Lévy sur la Ville. 2 matelots tués sur les ramparts de la batterie de M. Nau.

15.—Les Anglais ont diminué leur feu, et n'ont presque point jeté de bombes.

16.—Ils ont fait peu de feu, pendant le jour, mais à l'entrée de la nuit ils ont jeté beaucoup de bombes et pots à feu dont un, sur les neuf heures du soir, mit le feu à la maison de la veuve Pinguet, vis-à-vis les murs des Récollets. Ce feu fut assez bien servi suivant que je l'ai vu. Deux frères Récollets et deux charpentiers empêchèrent la communication du feu, en montant sur la maison voisine de Planty et la découvrant malgré les bombes et les canons dont la direction était sur le feu. Il n'y eut personne de blessé, et M. Lusignan et moi en furent quittes pour la peur, deux boulets nous ayant râzés, et une planche des Récollets, détachée par un boulet de canon de dessus la couverture de leur Eglise, ayant passé entre le frère Noël et moi.

17.—On s'est aperçu ce matin que quatre bateaux anglais se détachaient de la flotte et allaient rejoindre les bâtiments qui étaient au Saut; on ne douta point que c'était pour rembarquer partie de leur artillerie; en effet, ils y travaillèrent toute la journée et tirèrent dans cette partie peu de canons. Le feu des Anglais de la Pointe Lévi a commencé, ils tirèrent jusqu'à 12 coups de canon à la fois de ½ heure en ½ heure. Et sur quoi tiraient-ils? sur les tristes débris de l'incendie de la basse-ville. Il y a eu ce jour un Pilotin de tué chez M. Glemet.

18.—Les Anglais firent une descente à Deschambault à la maison de M. Perrot, capitaine du lieu. Cette maison servait de retraite à la belle Amazone aventurière. C'est madame Cadet, femme de sieur Joseph Ruffio.

Cette maison était riche par le dépôt que plusieurs officiers avaient fait de leurs malles, lesquelles ainsi que la maison ne furent point sauvées de l'incendie. Lorsque se faisait cette belle opération 15 cavaliers, à la tête desquels étaient le sieur Belcour, major de la cavalerie, se présenta hardiment. Les Anglais crurent sans doute que c'était une avant-garde et se rembarquèrent. Ce qui encouragea ce petit parti qui venait au secours, composé d'environ 300 hommes du Cap-Santé. Les Anglais étaient près de 800; ils perdirent 22 hommes, sans compter les blessés. Nous n'avons eu qu'un Canadien de blessé, légèrement. Il est à observer que M. de Montcalm parut après cette noble expédition.

Les Anglais traversèrent avec leurs berges à Ste. Croix, et razèrent la terre pour ne point se laisser aller au courant. M. Cournoyer, officier de la colonie, qui avait 75 hommes avec lui, posta son monde en embuscade, et leur ordonna de tirer sur la 1ère berge; ce qu'ils firent. Ils les passèrent ainsi en revue, et ils en tuèrent environ 200 sans coup férir, puisqu'ils ne voyaient point ceux qui tiraient sur eux.

19.—Les Anglais ont recommencé à canonner la ville, et à mettre le feu dans les côtes de St. Antoine et de Ste. Croix.

20.—On s'est aperçu que les quatre navires anglais mouillés aux Ecureuils faisaient leur eau, et se préparaient à descendre devant la ville ayant bastingué leurs vaisseaux de grosses pièces de bois. Continuation du feu de canon à la ville, et 2 matelots tués.

21.—Les Anglais, suivant leur louable coutume, ont mis le feu à St. Joachim, et ont brûlé les deux fermes. Toujours canonnade à la ville.

22.—Ils ont mis le feu au moulin du Saut, et à toute la côte du Petit-Pré et du Château Richer.

23.—Le feu de ces côtes a continué, et nous l'avons vu toute la nuit. Le même jour, je fus me promener à la basse-ville. Nous tirâmes sur les Anglais une douzaine de bombes, et 20 coups de canon, et ils cessèrent leur feu tout l'après-midi.

24.—On envoya M. St. Laurent, à 7 heures du matin, en parlementaire pour l'officier Ecossais mort, blessé à l'affaire du Saut du 31.—Il a fait son testament, par lequel il a donné tout son argent et ses effets au soldat de Languedoc qui l'a pris prisonnier—pour savoir si l'on agréait son testament. Je ne sais pas encore la réponse.

La suspension d'armes a duré jusqu'à neuf heures. Ensuite les Anglais nous ont salué de 12 coups de canon. Le même jour, nous avons remarqué que les Anglais avaient mis le feu à leur retranchement du Sault, et que le feu recommença aux maisons du Petit-Pré.

25.—Les Anglais ont commencé le feu de leur batterie de la Pointe Lévi, et ont tué deux hommes sur le rempart.

26.—Continuation du feu anglais.

27.—Il fut décidé que les sieurs Duel et La Garenne, commandant la batterie du Domaine et de M. Levasseur, partiraient avec les hommes d'élite pour armer les six frégates mouillées à Batiscan. M. Cadet, à la tête, fit embarquer tout le monde le même jour, qui partirent dans la chaloupe. M. de Bougainville devait partir avec 2000 hommes pour traverser au sud, vers St. Antoine, pour battre les ennemis.

Indiscrètement on fit partir la chaloupe, à la vue de l'ennemi, qui canonnait ces bateaux sans aucun fruit. Ils se rendirent la même nuit à la Pointe-aux-Trembles.

Le même soir les ennemis, sans doute informés de notre démarche, profitèrent à neuf heures du soir d'un petit vent de nord-est, et passèrent avec une frégate de 28 canons, un bâtiment de 18, un de 8, un de 6 et un de 4. On s'aperçut que nos batteries étaient dégarnies, car le feu n'était point vif; ils passèrent, je crois, sans recevoir beaucoup de mal.

Les batteries des Anglais firent un feu d'enfer de la Pointe Lévi tant en bombes qu'en canons. Il y eut sur les remparts un homme tué, à côté de moi, d'un boulet de canon qui passa au travers des banquettes de la batterie; 3 hommes de tués à la batterie Dauphine de M.

Gareu, et 15 de blessés et brûlés par des gargousses qui prirent en feu à la vieille batterie.

Il est à observer que les vaisseaux anglais mouillés aux Ecureuils furent descendus vers le Cap Rouge et la Pointe-aux-Trembles.

Cette même nuit nous craignîmes une descente ; en effet, on vint nous avertir qu'on découvrait des berges à l'Anse des Mères. Nous reçûmes du camp sous Beauport un renfort composé de 4 piquets de troupes réglées, de 50 hommes chacun, et de 50 Grenadiers. M. de Bernetz, commandant de la place, les fit poster, savoir : un piquet à la Basse-Ville, à la Construction, un à l'Anse des Mères, l'autre à Samos, et l'autre à Sillery avec les Grenadiers, pour s'opposer à la descente.

28 août.—Notre alarme n'eut aucune suite. Courval, qui commande la frégate le *Brassavran*, fut blessé à la cuisse, dangereusement, en revenant avec son monde, suivant les ordres, à Jacques Cartier, par un Canadien, qui était dans le bois, et, qui, ayant eu peur, tira sur lui. Il avait malheureusement un habit comme un Anglais ; on craint qu'il n'en revienne point.

29.— Au matin, continuation de canonnade, et de bombardement de la Pointe-Lévy.

30— Les vaisseaux anglais qui étaient devant St. Augustin et le Cap Rouge firent une cannonnade considérable depuis une heure jusqu'à huit heures du matin. Sur les 5 heures ils tentèrent un débarquement avec des bateaux plats vers St. Augustin. 40 matelots des bateaux de M. Denet, qui s'étaient jetées à terre, ayant abandonné leurs bateaux, fusillérent dans le bois. A cette fusillade arriva du secours des premiers de cette côte, et les ennemis se rembarquèrent. Nous avons eu un homme de tué Canadien, et un de blessé. On ignore ce qu'ont perdu les ennemis, n'étant point débarqués.

31.—Toute la matinée les Anglais ont fait un feu considérable de canon de la Pointe Lévy.

Le même jour, sur les 9 heures du soir, il passa 7 bâtiments, dont uné frégate de 20 canons, et 6 bâtiments, goelettes ou bateaux, malgré le feu de nos batteries, qui en percèrent plusieurs.

1 septembre.— Les Anglais continuèrent à mettre le feu à leurs retranchements du Sault, et continuèrent à canonner la ville et la bombarder. Leur direction fut sur le quartier St. Roch.

2.—Sur les dix heures du matin, nous vimes un mouvement considérable de la part des ennemis : trois gros vaisseaux anglais ayant le cap sur la ville avec petit nord-est étaient mouillés entre la pointe de l'île et de la Pointe Lévy. Nous aperçûmes clairement environ 40 berges chargées de monde, entre ces bâtiments et qui se tenaient au courant. Ce mouvement donna une alerte à la ville ; je me rendis, après avoir bu deux coups de liqueur, chez Magnan à la porte St. Jean, et nous bûmes le troisième à l'alerte. Nous nous rendîmes à la porte St. Louis où était le commandant, lequel ayant vu la manœuvre, me détacha, volontairement, pour aller à la batterie St. Louis ; de là, je découvris que les berges reviraient à la Pointe Lévy ; qu'il y en avaient 40 autres qui suivaient le chenal du nord, qui se rendaient à l'Isle d'Orléans.

3.—Les bâtiments anglais au nombre de 17, dont un gros de 60 canons, 3 frégates et autres bâtiments étaient mouillés depuis le Cap Rouge jusqu'à Sillery. Ils faisaient un C pour fermer l'entrée de la rivière du Cap Rouge. Ce mouvement augmenta l'arrivée de M. Bougainville; on détacha environ 500 hommes pour garder cette partie. Le même jour, il nous fut tué 3 hommes, dont deux à la batterie de M. Dunet, et un sur les ramparts par le feu de la Pointe Lévy.

4.—On s'aperçut au camp de Beauport que les ennemis avaient entièrement évacué le fort. Qu'il n'y restait plus que deux petits bâtiments mouillés vis-à-vis l'Eglise de l'Ange Gardien.

Le même jour, on envoya à la découverte au Sault; on n'y découvrit aucun Anglais; les habitants trouvèrent leur bled en état, et moins endommagés que ceux qui sont près de nos soldats.

On avait donné ordre de mettre le feu à trois retranchements que les Anglais n'avaient point brûlés, ce qui fut exécuté sur le matin. 4 berges se présentèrent à Samos, lesquelles se retirèrent à la première décharge.

Nous avons appris, savoir s'il est vrai, qu'un ingénieur anglais, pris par Dufy, et 5 autres soldats et 3 sauvages, que le géneral Amherst ne comptait pas paraître plus loin; qu'il risquait le monde pour porter des nouvelles au général Wolfe.

Cet ingénieur rapporte que les nouvelles sont que, nous sommes maîtres de la meilleure partie de l'Irlande; je voudrais que cela fût.

6.—Les Anglais firent un feu considérable de la Point Lévy, et démontèrent une batterie de la po...... qu'ils firent......

Le même jour, étant à la batterie de M. Dunet, on vînt nous avertir qu'au dessus de la côte de Begin, sur le grand chemin, il passait une colonne de troupes anglaises. Le sieur Gareau et Dunet pointèrent chacun un canon de 24, qu'ils chargèrent à charge et demie. Le premier coup porta dans la colonne et doit en avoir incommodé quelques uns d'entr'eux plus qu'ils ne s'y attendaient, parce que le coup porta à cet endroit; le second porta au-dessus de la colonne, et leur fit faire un mouvement qui fit conjecturer que le premier les avait incommodés.

Le même jour, sur les 8 heures, il y eut une alerte. M. de Bougainville, qui était à St. Augustin, avait vu les Anglais défiler la rivière des Etchemins; ensuite, il avait vu une contremarche. On nous envoya 5 piquets de divers régiments avec une compagnie des grenadiers. Je me rendis à la porte St. Louis, mais il n'y eut rien de nouveau.

7.—Tous les bâtiments anglais se sont réservés vers la partie de Sillery. Ils ont fait au Sud différentes marches qui nous ont inquiété.

La batterie de la Pointe Lévy fit un feu continuel qui tua l'Enseigne de la batterie de M. Dunet, et un blessé.

Une petite goëlette d'environ 40 tonneaux passa sur les trois heures, petit air de Nord-Ouest, devant la ville. On s'imagina que c'était une gageure, car il n'y avait qu'environ 15 hommes, dont 8 paraissaient officiers, gouvernaient eux-mêmes et faisaient la manœuvre. Ils réussirent dans leur gageure, car la majeure partie des officiers se tenaient à leur pont. Il fut tiré environ 100 coups de canon qui, suivant notre estime, ne firent que percer leurs voiles.

8.—Les Anglais n'ont presque point tiré devant la ville. Les Canadiens envoyés à la côte du Nord ont rapporté que tout était brûlé, à l'exception des Eglises, et aucun tort dans les grains.

Le même jour, il vint un déserteur à la nage de l'Isle d'Orléans; il est assez de rapport avec le premier.

(Le reste du manuscrit n'a pas été conservé.)

www.ingramcontent.com/pod-product-compliance
Lightning Source LLC
LaVergne TN
LVHW020454230826
846091LV00008BA/3203

* 9 7 8 2 0 1 3 6 2 7 7 5 7 *